MISCELLANÉES

PAR

 Henri BARDY

****

SAINT-DIÉ

TYPOGRAPHIE ET LITHOGRAPHIE C. CUNY

—

1901

LE
PETIT SAINT-DIÉ

Tout le monde, dans notre pays, connaît le *Petit,* ou mieux le *Vieux-Saint-Dié,* comme on appelait autrefois cet endroit. C'est là que le patron de notre ville, Déodat, Dieudonné ou, par abréviation, Dié, avait construit la cellule où il s'était retiré après ses longues pérégrinations en Alsace et dans les Vosges, et dans laquelle il finit ses jours le Dimanche 19 Juin 679.

A cette cellule était annexé un petit oratoire, que le pieux anachorète, avait lui-même dédié à saint Martin de Tours, si célèbre alors dans les Gaules. Bientôt l'oratoire, agrandi, devint une véritable chapelle où se pressait, en tous temps, une foule de pèlerins accourus des contrées voisines.

Dans la suite, les fidèles continuèrent à venir honorer et prier le saint fondateur du monastère et de la ville de Saint-Dié dans le lieu même qu'il avait sanctifié par ses vertus et ses bonnes œuvres. Cette affluence d'étrangers obligea les chanoines de la Collégiale à entretenir la chapelle et à construire tout à côté une maison pour y loger le prêtre chargé de la desservir. Bien qu'à plusieurs reprises, des réparations plus ou moins importantes aient été faites aux deux bâtiments, la chapelle se trouvait, au commencement du XVIIIe siècle, dans un état de délabrement vraiment lamentable.

En 1736, un chanoine de l'Insigne Eglise de Saint-Dié, Charles de Billaut, qu'attristait la vue de ce précieux sanctuaire à demi-ruiné, résolut d'y faire les réparations nécessaires. Une inscription, placée à l'entrée de l'oratoire, rappelle la date de cette restauration et le nom de celui qui en fut l'auteur. Elle est surmontée des armes du chapitre et de celles des Billaut, ou Billault, qui portent *d'argent,*

*à une bande d'azur, accompagnée en chef
d'une hure de sanglier de sable, arrachée
et armée d'argent, et en pointe un treillis
de quatre montans et de quatre tenans de
sable.*

Le chanoine de Billaut était issu d'une ancienne famille de Bar, qui avait été anoblie les 3 et 6 Juin 1641 dans les personnes de Nicolas et de Sébastien Billaut. Lui-même était fils de Sébastien III, seigneur de Saudru et cellerier du domaine de Bar, et de Françoise Jobard. Il était déjà au Chapitre de Saint-Dié à la fin du XVIIe siècle, avec son frère nommé aussi Sébastien. On les voit, tous deux, faire enregistrer et confirmer leurs armoiries lors du recensement qui fut fait en vertu de l'Edit royal de Novembre 1696, dont nous avons parlé dans une notice sur le chanoine Dautriche.

Le blason figuré dans l'*Armorial général de France* de d'Hozier ne diffère de celui du *Nobiliaire de Lorraine* de Dom Pelletier que par la disposition du treillis qui, dans le premier, est oblique, tandis qu'il est droit dans le second. Cela est de peu d'importance. Ces armoiries sont les mêmes que celles des Billaut de Leschicault et d'une autre branche de la famille qui alla se fixer à Belfort en 1689.

A cette époque, un Laurent de Billaut était chirurgien-pharmacien d'une compagnie de cadets-gentilhommes qui, de Bitche en Lorraine, avait suivi à Belfort son capitaine Camus de Morton, nommé au gouvernement de cette dernière place. Ce Laurent, qui mourut un an après son arrivée en Alsace, laissait un fils Jean-Ennemond, chirurgien également. Celui-ci demeura à Belfort, où il fut chargé de donner ses soins aux soldats de la garnison et aux nombreux ouvriers employés aux travaux des fortifications. Il fut nommé, en 1709 chirurgien-major de l'hôpital royal militaire, mourut en fonctions en 1731, et eut pour successeur son fils Aloyse qui occupa ce poste jusqu'au 12 juin 1761, date de sa mort, et dont le fils Christophe-Ennemond embrassa la carrière du Droit.

Les armes que Jean de Billaut fit enregistrer en 1696, et qui sont blasonnées dans l'*Armorial de la Généralité d'Alsace,* sont absolument les mêmes que celles qui sont décrites dans le *Recueil des armes et blasons des familles nobles existantes et établies en la ville de Bar et dans l'étendue de son district en 1771.*

On doit en conclure que les de Billaut de Saint-Dié et ceux de Belfort étaient de la même famille.

Si nous avons donné ces détails, c'est parce qu'ils nous ont paru de nature à intéresser les personnes qui s'occupent des anciennes familles lorraines, dont sortaient la plupart des chanoines de notre Collégiale, ou auxquelles ils étaient alliés.

Revenons au Petit-Saint-Dié, dont cette digression nous a un peu éloigné.

Peu de temps après sa restauration, le chanoine Charles de Billaut mourut et fut inhumé dans la chapelle de Saint-Laurent, à l'Eglise collégiale, où, dix ans après, ira le rejoindre son neveu Charles de Leschicault, membre du même Chapitre.

L'oratoire de saint Dié était, à ce moment, desservi par un chapelain nommé Latarte, qui donna sa démission le 7 novembre 1747. Le Chapitre choisit, pour le remplacer l'abbé Bareth le jeune, qui venait d'être ordonné prêtre à Lucerne, mais qui ne put accepter parceque ses parents ne voulurent pas quitter Raon-L'Etape pour venir habiter la maison attenant à la chapelle. C'est alors que le chanoine Redoubté offrit au Chapitre de se charger de la maison et de la chapelle du Vieux-St-Dié. Les chanoines y consentirent et, le 23 décembre, lui passèrent le bail suivant, que nous donnons *in extenso* à cause de sa valeur locale et documentaire :

Je soussigné certifie avoir pris, pour ma vie durant, de Messieurs les Vénérables chanoines de l'Insigne Eglise de St-Diey, la chapelle et la maison dite « au Vieux-St-Diey » où résidoit cy devant le Sr de La Tarte, pour prix et somme de soixante livres tournois, dont le 1er payement se fera au terme de la St-Martin 1748 entre les mains de Mr le maître de fabrique de la susdite Eglise, moyennant quoy M^rs me feront jouir de ladite chapelle, maison et jardin en dépendant, ainsy qu'en a joui le S^r de La Tarte, à commencer du jour que ce présent acte sera reçu par Mrs du Chapitre, m'obligeant de mettre un concierge pour avoir soin de la maison. A l'égard des grosses réparations, Mrs du Chapitre en seront totalement chargés, et les locatives seront à ma charge ; toutes offrandes m'appartiendront, moyennant quoy je seray chargé d'entretenir les ornemens et fournir la cire nécessaire pour y célébrer les messes actuellement fondées et toutes celles que M^rs les Vénérables y viendront célébrer. Et il sera loisible aud^t preneur de faire tels changements qu'il luy plaira tant pour la commodité que son utilité, soit dans la maison soit dans le jardin en dépendant, sans aucun contredit n'y empêchement de la part de mesdits srs les Vénérables, qui, au moyen du présent acte, ne pourront le révoquer, ny empêcher la jouissance des choses projettées et spécifiées par iceluy pendant ma vie durante, me réservant néanmoins de résilier le présent bail en cas que besoin seroit de ma part.

Fait à St-Diey, le 23 Xbre 1747. — Signé REDOUBTÉ, *chanoine,* sur l'original en papier timbré.

La maison louée ne renfermait aucun meuble. Quant à la chapelle, elle était, en fait d'ornements et de linges, d'une pauvreté véritablement piteuse, qui contrastait singulièrement avec le luxe de la Collégiale. En voici l'inventaire, dressé par Jean-Dominique Colnat, administrateur ou curé de la paroisse Saint-Martin :

1º Un calice d'argent, avec la patène ; 2º Deux purificatoires ; 3º Deux corporaux ; 4º Trois bourses avec leurs corporaux ; 5º Trois chasubles fort vieilles, dont une blanche à croix rouge, l'autre rouge rayée et la troisième noire ; 6º Deux nappes d'autel ; 7º Un tapis vert ; 8º Un Christ de bois ; 9º Un reliquaire, dont la boîte est de sapin couverte d'antiquailles ; 10º Six vases de bois 11º Neuf chandeliers de bois peint , 12º Deux autres de petit bois ; 13º Un missel ; 14º Trois canons ordinaires ; 15º Une clochette ; 16º Six vieux cierges usés ; 17º Une chopinette de plomb ; 18º Un voile de couleur noire usé ; 19º Un autre voile de calice de toute couleur ; 20º Deux aubes et un mauvais cordon pour les deux.

Ces objets, déposés provisoirement dans la sacristie de l'église St-Martin, fu-

rent remis au chanoine Redoubté. Il n'y
eut de difficultés que pour le calice et la
patène d'argent, les seuls qui eussent
quelque valeur. Colnat prétendait qu'ils
venaient de son église, à laquelle ils avaient
été donnés par le père du chanoine, le baron Charles-Joseph de Redoubté de Mortagne, seigneur de Bamont, Ventron, Ge-
maingoutte, etc, grand-maître des eaux et
forêts Mais le donateur, ayant voulu que
le calice et la patène puissent servir à la
chapelle, en offrit d'autres à l'église, de
sorte que le curé Colnat fut obligé de re-
mettre les objets contestés entre les mains
du nouveau chapelain.

C'est ici le cas de dire quelques mots
de cette famille Redoubté, qui a eu de si
nombreuses relations avec notre ville, et
dont un des membres, le chanoine Charles-Dominique, fut pendant un temps le
locataire et le principal desservant du Petit-
Saint-Dié.

Charles-Honoré Redoubté, fils de Claude,
prévôt de Charmes, était avocat en Parlement et receveur des finances au Bureau

de Saint-Dié quand il reçut, le 12 Août 1702, des lettres d'anoblissement du duc de Lorraine Léopold. Il eut de sa femme Marguerite de Bouquenom, Charles-Nicolas-Joseph, né en 1679, qui illustra le plus sa famille. Après avoir été, à l'âge de 23 ans, substitut du procureur de S. A. R., il devint grand-maître des eaux-et-forêts au département des Vosges, conseiller d'Etat en 1721, et fut créé baron le 29 avril 1727. Il épousa Marie-Anne Antoine, de Nancy, et en eut plusieurs enfants, dont un garçon, Charles-Dominique, qui fut pourvu d'un canonicat à l'Eglise de Saint Dié et une fille, Charlotte, qui épousa le 27 avril 1733 Florent-Joseph de Bazelaire de Lesseux, lieutenant général civil et criminel au siège de Saint-Dié. Le baron Redoubté de Mortagne devint encore Intendant des Mines, Conseiller au Conseil souverain d'Alsace et gouverneur de Saint-Hippolyte. Il habitait la belle et vaste propriété qui s'étendait de la *place de SaintDiey* (p. Jules Ferry) au fossé de *la Colombière* (petite ruelle du même nom), et qui comprenait tout l'emplacement qu'occupent aujourd'hui la maison Bardy et l'hospice Saint-Joseph. Décédé le 4 juillet 1756, il fut enterré sous la même tombe que ses père et mère. Son épitaphe, gravée sur un marbre tumulaire que possède M. Victor Franck et provenant de l'ancien cimetière du cloître, se termine par ces mots : *Il fut grand par les places qu'il occupa.* Ses armes étaient *d'azur à la croix d'or cantonnée d'étoiles d'argent.*

Cette famille, comme on le voit, eut dans notre pays une situation considérable, tant par les charges importantes dont elle était revêtue que par l'alliance directe qu'elle contracta avec celle de Bazelaire de Lesseux, une des plus anciennes de Saint Dié, puis qu'elle y est établie depuis 1576. C'est pourquoi nous avons cru pouvoir en parler ici, à propos du chanoine-chapelain du Petit-Saint-Dié.

Il paraît qu'en mai 1754 il y fit faire des réparations sans le consentement de ses confrères du Chapitre. Un peu froissés du procédé, ils décidèrent qu'il ne s'en

ferait plus sans la participation du maître
de fabrique, qui était en ce moment le
chanoine Le Roy de Sérocourt. Ils chargè-
rent ensuite M. de Montauban, autre chanoine, d'aller examiner l'ouvrage fait ou
à faire, et, ne l'ayant pas trouvé à leur
convenance, réglèrent de finir les réparations commencées avec défense d'en faire
à l'avenir sans la permission du Chapitre.
De plus, ils proposèrent à Redoubté de se
désister du Petit-Saint-Dié, ce qu'il se
garda bien de faire. Il est plus que proba-
ble qu'il y resta jusqu'à sa mort, dont nous
ignorons la date. Nous savons seulement
qu'il était encore chanoine en 1769.

Franchissons un assez long espace de
temps et arrivons à l'époque contempo-
raine. Mgr Caverot, évêque de Saint-Dié,
fut le second restaurateur de la chapelle ;
ce fut lui qui fit faire et poser les dix
beaux vitraux que l'on y voit, et qui, d'après
M. Gaston Save, « peuvent passer pour
des modèles de composition, de dessin et
de couleur ». La maison servait d'asile à
des vieux prêtres retraités, quand, en

1888, sous l'épiscopat de Mgr de Briey, le Petit-Saint-Dié fut vendu à des religieuses Carmélites qui y construisirent un monastère. Elles y restèrent dix ans, au bout desquels la propriété, mise en vente, fut acquise par M. Louis Humbert, ancien imprimeur. Elle ne pouvait tomber en de meilleures mains. On peut compter que tant qu'il la possédera, le Sanctuaire, si célèbre au double point de vue historique et religieux puisqu'on peut le considérer comme le berceau de notre chère cité, ne périclitera pas.

Saint-Dié, le 8 Juillet 1901.

MAUX D'YEUX

ET

Maux de Dents

————◦◦————

Chaque année, le 12 août, jour de la Sainte-Claire, un grand nombre de personnes se rendent à une chapelle située à l'est du *bois des Voitines*, au pied du Spitzemberg, et non loin d'un écart de Frapelle appelé Charémont.

Tout ce monde n'a pas la foi au même degré, mais la plupart y vont avec la conviction qu'en implorant l'intercession de la sainte, ils obtiendront le soulagement de certaines affections et, sûrement, la guérison des maux d'yeux, s'ils les lavent dans l'eau de la fontaine qui lui est consacrée et qui coule à quelques pas de là.

C'est que, d'après la tradition populaire de nos pays, sainte Claire, vierge et

BIBLIOTHÈQUE NATIONALE

2

3e abbesse du Saint-Mont, est infaillible pour la guérison des maux d'yeux. L'histoire en enregistre un certain nombre que l'on peut lire dans une *Vie* de cette sainte, petit livre de 48 pages, imprimé en 1749 chez Laurent, à Remiremont. Il n'est donc pas surprenant que le peuple des Vosges, qui croyait si fermement aux fontaines dont les eaux étaient souveraines contre certains maux, aux saints qui avaient une clientèle particulière, et même aux sorciers dont la puissance pouvait s'exercer utilement dans tous les cas, se soit adressé et s'adresse encore si souvent à sainte Claire.

Cette oculiste par excellence était, dit-on, fille de saint Romaric. Née à Metz, capitale du royaume d'Austrasie, elle s'appela d'abord *Ségoberge*, mais, à son baptême, elle reçut le nom de *Cécile*. Celui de *Claire* n'est qu'un surnom qui lui a été donné plus tard à cause de la blancheur et de la pureté de son teint, de ses grands et beaux yeux d'un bleu tendre. Nous pensons que c'est plutôt par son pouvoir de guérir les yeux et d'éclaircir la vue. Aussi la figure-t-on sous le costume d'abbesse, tenant la crosse de la main gauche et un œil de la main droite, De vieilles gravures sur bois, éditées à Remiremont en 1779, la représentent ayant à la hauteur de la tête, à gauche, un œil tout grand ouvert.

C'est naturellement aux environs de cette ville, et plus particulièrement au Saint-Mont que le culte de sainte Claire a pris naissance et est le plus répandu. On la vénère encore à Dommartin et à Saint-Etienne. Dans cette dernière localité se trouve une chapelle de la sainte où affluent les pèlerins, le 12 août. La *Fontaine de sainte Claire*, avec ses vertus thérapeutiques, n'en est pas éloignée. A une grande distance de là, en pleines Faucilles, à Vioménil, il y a une fontaine consacrée à la même sainte et dont les eaux jouissent de propriétés analogues.

Dans notre pays de Saint-Dié, à Québrux, près de Laveline, on l'invoque aussi, mais la dévotion que l'on y a pour elle est bien loin d'être aussi populaire qu'à Cha-rémont. Quel dommage que dans cette dernière chapelle, les reliques ne soient pas de cette sainte, mais d'une simple vierge des Catacombes!... C'est bien le cas de dire que c'est la foi qui sauve.

On voit qne les sources et les fontaines jouent ici un grand rôle. Nul doute que ce soit là un très lointain écho de vieilles croyances polythéistes, qui se sont perpé-tuées à travers les siècles.

Le christianisme, dès son apparition dans les Gaules, essaya bien de supprimer l'*hydolâtrie*, c'est-à-dire le culte des eaux, mais ni les bulles des papes, ni les man-dements des évêques, ni les édits des rois ne parvinrent à déraciner ces croyances plus que millénaires. La religion nouvelle s'empara de ce qu'elle ne pouvait détruire. Aux fées et aux génies tutélaires des sour-ces et des fontaines, elle substitua les saints.

Presque partout les fontaines sont ac-compagnées de chapelles ou tout simple-ment de croix. Même en beaucoup d'endroits, celles qui servent à l'alimentation et aux usages domestiques sont abritées par des édicules surmontés du signe de la Rédemption, comme pour implorer la protection divine sur la pureté de leurs eaux. On en voit dans beaucoup de villages de la Comté et des pays voisins. C'est une pensée touchante qui a suggéré ce symbolisme religieux !

Le nom de sainte Claire figure très souvent dans les invocations adressées par nos paysans vosgiens pour demander la guérison des maux d'yeux. C'est ainsi qu'à Plainfaing on se sert de la conjuration suivante, que nous empruntons à l'ouvrage de Sauvé sur le *Folk lore des Hautes-Vosges :*

« Fleur, si tu es blanche, que tu déblan-
« ches ! — Fleur, si tu es rouge, que tu
« dérouges ! — Fleur, si tu es bleue, que
« tu sortes de dedans ces yeux, au nom
« de la bienheureuse sainte Claire et des
« trois personnes de la sainte Trinité ! »

« Souffler trois fois dans les yeux du malade à chaque adjuration et dire cinq

Pater et cinq *Ave* en l'honneur de la sainte Trinité et de la bienheureuse sainte Claire. »

A Saint-Dié, le hasard a fait tomber entre nos mains une des invocations qui figurent dans le Rituel usité par les guérisseurs du *secret*. Pour arriver à un bon résultat, contre les maladies des yeux, il faut, dit un petit papier tombé par mégarde de la poche d'un campagnard, réciter cinq *Pater* et cinq *Ave* à l'intention de la Sainte-Vierge, de sainte Claire, de sainte Luce (ou Lumière) et de sainte Odile, au nom de la Sainte-Trinité ; puis, dire cette oraison, en soufflant sur les yeux malades : « La Sainte Vierge est « dessus son lit ; elle pleure et gémit. Son « cher fils lui dit : ma mère, que pleurez-« vous ? — Je puis bien pleurer, j'ai si « mal aux yeux et je crains d'en perdre la « vue. — Non, non, ma mère, vous ne la « perdrez pas ; je vous guérirai de vos « yeux la fleur, le charbon et le dragon « par l'intervention de la bienheureuse « sainte Lumière, de sainte Claire e de « sainte Odile. Ceux qui seront... »

La fin manque, malheureusement, mais elle n'est pas absolument nécessaire pour faire apprécier la valeur thérapeutique de ce traitement par le *secret*. Les noms de *sainte Claire, sainte Luce* et *sainte Odile,* associés dans cette prière, forment un trio significatif, sur le symbolisme duquel, il n'est pas besoin d'insister.

Sainte Claire n'est pas la seule qui possède le pouvoir de guérir les ophtalmies et autres maladies visuelles. Il y a encore sainte Sabine, dont nous parlerons tout-à-l'heure ; saint Laurent, qui possède une fontaine miraculeuse derrière l'église de la Bresse ; et surtout saint Etienne, qui en a une des plus renommées à Longchamps, près de Rupt. On y vient de loin pour se laver les yeux dans ses eaux merveilleuses, qui passent pour avoir rendu la vue à des aveugles que sainte Claire et sainte Sabine elles-mêmes n'étaient pas parvenues à soulager.

Il y a aussi saint Augustin, dont la fête tombe le 28 août ; mais il ne faut pas trop s'y fier pour les yeux, car il est surtout le guérisseur attitré des verrues. La fontaine qui lui est consacrée se trouve à Cleurie, sur la lisière de la forèt de la Grande-Charme, et ce n'est pas par son eau claire et limpide qu'elle opère, mais par le limon qu'elle dépose.

N'oublions pas la *Fontaine de sainte-Odile,* située au pied de la montagne que domine le fameux monastère d'Hohenbourg, et qui, elle aussi, est souveraine pour les yeux. On ne sait pas trop pourquoi, puisque ce n'est pas son eau qui a fait recouvrer la vue à la grande sainte de l'Alsace. On sait, en effet, que c'est au monastère de Moyenmoutier, pendant que S. Erard et S. Hidulphe versaient sur son front l'eau du baptême, que la jeune Odile vit pour la première fois la lumière.

*
* *

Combien est grand le nombre de ceux qui souffrent du mal de dents ! ... S'ils avaient seulement l'idée d'invoquer Sainte Appoline et de réciter avec ferveur son oraison, ils sentiraient leurs douleurs cesser comme par enchantement :

« Sainte Appoline étant assise sur la pierre de marbre, Notre Seigneur passant par là lui dit : « Appoline que fais-tu là ? » — « Je suis ici pour guérir mon mal de dents. » — «Appoline, retourne-toi ; « Si c'est une goutte de sang, elle tombera : si c'est un ver, il mourra. »

« Dire cinq *Pater* et ciuq *Ave* à l'intention des cinq plaies de Notre Seigneur Jésus-Christ ; faire ensuite le signe de la croix avec le pouce de la main droite sur la joue qui recouvre la dent malade, en ajoutant : « Dieu te guérisse par sa toute puissance ! Ainsi-soit-il. »

Ce n'est pas seulement dans nos Vosges qu'Appoline vient au secours des malheureux que torture cet affreux mal. Elle est invoquée dans maintes autres provinces de France. C'est ainsi que dans un vieux livre de raison des notaires Terrade, cité par M. René Fage dans son étude sur *la Vie à Tulle aux XVIIe et XVIIIe siècles,* on trouve l' « Oraison de madame Saincte Apoloine pour dire contre le mal de dents » .

Il existe à Pont-Main(Mayenne), dans le cimetière, une statue de sainte Appoline qui est l'objet d'une curieuse superstition. Si on souffre en quelqu'endroit du corps, on enfonce une épingle dans l'endroit correspondant de la statue, et on est guéri. Mais c'est surtout pour les maux de dents qu'on a recours à son intercession, et la bouche de sa statue est garnie d'épingles. Ceci tient sans doute à ce fait que, dans son martyre, elle eut les dents arrachées, et que ses images ont des tenailles comme attribut.

Nous voyons les épingles jouer ici un grand rôle. On sait, en effet que ces petits objets, dont la toilette féminine ne saurait se passer, puisque toute femme mise avec soin doit être tirée à quatre épingles, ont été souvent employés dans les pratiques divinatoires. Ainsi à Pont-Château (Loire inférieure), près d'un menhir appelé le *Fuseau de Madeleine,* il existe une fontaine où les jeunes filles qui désirent se marier vont jeter des épingles.

M. l'abbé Thédenat en a cité un autre

exemple dans une séance de la *Société nationale des Antiquaires de France* (19 avril 1899), et il l'a fait, d'une manière très gracieuse, dans les termes suivants : « Près du village de Folle-Pensée, à Baranton (Ille-et-Vilaine), il est une fontaine dont le sourire est la promesse d'un prompt mariage. Voici comment on procède. Le jeune homme ou la jeune fille qui désire se marier jette une épingle dans la fontaine. Si l'épingle, allant jusqu'au fond, soulève une bulle d'air qui vient s'épanouir à la surface de l'eau en faisant quelques rides circulaires, la fontaine a souri et le mariage est promis. Si, au contraire, l'épingle, arrêtée par des herbes, ne va pas jusqu'au fond et ne produit pas la bulle d'air, la fontaine reste grave. Adieu les espérances !... Cette superstition a au moins le mérite d'être poétique. »

N'est-ce pas à une pratique analogue que l'on a recours, dans le même but, à la *Fontaine de Sainte-Sabine,*, située près de Remiremont, sur la montagne du Grismouton et dans la Forêt du Fossard ? Là aussi la divination a lieu par des épingles. Toute jeune fille qui en jette une dans cette fontaine et ne la voit pas s'enfoncer aussitôt est sûre de trouver un épouseur dans l'année. Elle emporte la même certitude si l'épingle, refusant de surnager, va droit au fond, sans qu'il s'élève aucune bulle d'air à la surface de l'eau.

L'eau de la Fontaine-Ste-Sabine n'a même pas besoin de *sourire,* comme celle de Baranton. Dans les Vosges, que l'épingle flotte ou coule à fond, le futur mari n'est pas loin. Aussi, la sainte, si complaisante et si compatissante pour la jeunesse, est-elle l'objet d'un culte des plus répandus dans le pays et les contrées voisines. Ce sont ses bonnes promesses, toujours tenues, qui ont fait accourir, il y a une quinzaine d'années, le 29 août, jour de sa fête, près de 5.000 personnes, dont le beau sexe formait la très grande majorité, à la chapelle du Fossard, en répétant le vieux dicton romaricien :

A sainte Sabine
Tout mal affine.

Mais nous devons au moins dire quelques mots sur l'origine de cette tradition populaire. Au commencement du Xe siècle, vers 910, dit la légende, une terrible incursion de Huns eut lieu en Lorraine. Ils pénétrèrent jusque dans les profondeurs des Vosges méridionales. Les religieuses du monastère de Remiremont, effrayées, s'enfuirent, et l'une d'elle, nommée Sabine, poursuivie avec plus d'acharnement, fut atteinte et massacrée dans la Forêt du Fossard, près de la source qui a conservé son nom pour le transmettre aux âges futurs.

Telle est la légende courante, car les hagiographes ne sont pas du tout d'accord sur la manière dont le fait s'est passé, Il y en a même qui contestent l'existence de cette sainte ; d'autres qui la nient absolument. Nous aimons mieux y croire, comme les pélerines qui, avec une piété si sincère et une si naïve bonne foi, iront, le 29 août prochain, implorer son concours.

Ici, comme à Pont-Château, il y a, non loin de la fontaine, un monument mégalithique, sorte de menhir, que l'on connait dans le pays sous le nom de *Pierre Ker-linkin*. Suivant M. Sauvé (op. cit., p. 247), « aux enfants, qui demandent comment ils sont venus au monde, on leur répond communément qu'ils sont sortis de la pierre Kerlinkin, et, au besoin, on les conduit à cette pierre pour leur montrer la porte sans serrure et sans gonds qui s'est ouverte une belle fois, à minuit, pour leur livrer passage. »

N'est-ce pas à peu près ainsi que cela se passe à Saint-Dié, où l'on va quérir les bébés soit à la *Roche des Fées*, à Ormont, soit aux *Roches Saint-Martin* ?

Le voisinage du monolithe de grès rouge et de la fontaine miraculeuse de la problématique sainte Sabine est un indice presque certain que les croyances superstitieuses qui s'y rattachent ont leur origine dans le culte des pierres ou *litholâtrie*, associé à celui de l'eau ou *hydrolâtrie*. Ces croyances, qui remontent à une époque extrêmement reculée, presque préhistorique, n'ont pu être complétement déracinées, malgré des ordonnances de conciles et de quelques rois de France qui, aux Ve, VIe, VIIe et VIIIe siècles, et même plus tard, interdisaient aux populations le culte de la pierre et fulminaient contre les *veneratores lapidum*.

Nous avouons humblement ne pas comprendre le rapport qu'il y a entre le mal d'amour, contre lequel sainte Sabine n'est jamais invoquée en vain, et le mal de dents que sainte Appoline guérit à coup sûr. Mais on est partout unanime à reconnaître l'identité de ces deux affections, et c'est pourquoi nous avons cru devoir rappro cher l'une de l'autre celles dont le pouvoir est si puissant pour le soulagement de maux qui offrent entre eux tant d'analogie.

En dehors de sainte Appoline, il y a encore, en notre bon pays vosgien, bien des manières de se guérir du mal de dents.

Les deux moyens suivants sont-ils réellement efficaces ? On ne risque rien d'essayer :

« S'il vous arrive d'avoir une rage de
dents, remplissez-vous la bouche d'eau,
et asseyez-vous sur un fourneau bien
chaud : quand l'eau sera bouillante, le mal
sera passé. »

« Si vous le préférez, tenez par la queue
une pomme entre vos dents et tournez le
dos au feu : quand la pomme sera cuite,
vous serez guéri. »

Après de pareilles recettes, il faut tirer
l'échelle......

Saint-Dié, août 1901.

LA MUSIQUE

DU

CHAPITRE DE SAINT-DIÉ

au XVIIIe siècle

Si la musique était déjà en très grand honneur à l'insigne église de Saint-Dié au XVe siècle, ainsi que l'a montré G. Save dans une très courte note insérée au 22e Bulletin de la *Société philomatique vosgienne,* à plus forte raison devait-elle l'être bien davantage au XVIIIe. C'est ce que nous apprennent les délibérations capitulaires de l'ancienne Collégiale, dont les plumitifs pour les années 1738 à 1760 sont aux archives de la ville.

A cette époque, la *Musique* se composait d'un maître, que l'on appellerait aujourd'hui maître de chapelle, de six enfants de chœur, de dix chantres-musiciens, de six symphonistes ou instrumentistes, et d'un organiste.

Dans les chantres il y avait la *haute-contre* (ténor léger), la *haute-taille* (ténor), la *taille* (baryton), la *basse-taille* (ténor grave), et la *basse-contre* (basse). Leurs gages variaient suivant la beauté et l'ampleur de leur voix et leur connaissance du plain-chant : 450 livres à la haute-contre et 500 à la basse-taille.

Les symphonistes jouaient du serpent, du basson, du violon, de la contre basse, du hautbois et de la flûte.

Telle était la Maîtrise du Chapitre de Saint-Dié qui, par le nombre de son personnel et le talent de ses exécutants, pouvait rivaliser avec les plus importantes.

Le maître de musique et les enfants de chœur logeaient à proximité de l'église Notre-Dame et du cloître, dans une assez grande maison située presque à l'angle de

la ruelle du Beau-Jardin et appelée la
Maîtrise. Les enfants étaient sous la sur--
veillance du maître, qui, en outre, devait
pourvoir à tous leurs besoins. Tous se
trouvaient sous la haute direction du chanoine Grand Chantre, dont la sollicitude
s'exerçait sur les serviteurs et les officiers
de l'église.

Le Chapitre fournissait à la pension et
à l'entretien des habitants de la *Maîtrise*.
Comme la prêtrise n'était pas nécessaire
pour être maître de musique, il s'ensui-
vait que beaucoup étaient mariés, et c'était
alors la maîtresse, avec une ou deux ser-
vantes, qui était chargée de la bonne tenue
de la maison et du ménage.

Une salle, ou *poële*, servait aux récréa-
tions des enfants. Si leur conduite était
bonne, ils recevaient des cadeaux à la
Saint-Nicolas et des gratifications au Nou-
vel-An. Lorsque quelques uns montraient
de l'intelligence, le Chapitre leur faisait
donner de l'instruction et leur fournissait
les moyens de s'établir. C'est ainsi que
l'un d'eux n'étant plus en état de servir.

il décida (Juillet 1756) de le congédier et de lui donner, sur la fondation Le Bègue, de quoi vivre pendant un certain temps, au bout duquel on lui fera apprendre un métier aux frais de la nouvelle fondation faite en faveur des orphelins.

Les chanoines avaient le plus grand souci de la santé des enfants de chœur. A leur entrée en service, on les faisait visiter par le chirurgien, sous les yeux du médecin-stipendié du Chapitre, et on obligeait les parents à leur fournir des chemises. Une décision capitulaire du 12 février 1757 accorda au chirurgien Ferry un louis par an pour faire chaque semaine une visite à la *Maîtrise*, et examiner l'état des enfants.

L'excessive bonté des chanoines envers leur personnel était véritablement extraordinaire ; nous en verrons tout-à-l'heure un exemple en racontant les prouesses d'un maître de musique.

Chantres et symphonistes étaient aussi sous la surveillance du Grand Chantre, qui s'assurait de leur exactitude aux offices.

En cas d'absence, ils étaient « piqués »
par le chanoine-distributeur, c'est-à-dire
notés sur une feuille appelée *feuille de
punctature*, et mis à l'amende, après avoir
été d'abord réprimandés.

La police de la *Musique* n'était pas pré-
cisément une sinécure. Il y avait assez
souvent des infractions au règlement éta-
bli à cet égard, et il avait fallu en faire un
nouveau, plus sévère, le 12 Juin 1756.
Depuis quelque temps, les manquements
s'étaient produits plus nombreux que jamais. Ainsi, le musicien Cartier, ayant
paru au chœur dans un état d'ivresse très
prononcé et ne tenant pas compte des
remontrances de l'Ecolâtre, dut aller en
chapitre pour y être réprimandé (24 Janvier 1756). Ce Cartier était, paraît-il, une
mauvaise tête, car cette semonce ne pro-
duisit pas d'effet. Il ne tint aucun compte
des nouvelles observations que lui fit
l'Ecolâtre. et le Chapitre lui ordonna
d'aller faire des excuses et de donner
toute satisfaction (13 mars). Punition
bien anodine et peu efficace !... Un autre

musicien, du nom de Ialluyau, ayant manqué de respect au maître de musique, qui s'en plaignit, fut rappelé à son devoir et à la subordination (24 Janvier). Châtiment non moins doux et d'un effet douteux !...

On se plaignait des musiciens, qui avaient pris l'habitude de s'absenter lors des Vigiles et des Obits. Le Grand chantre fut chargé de leur recommander d'être plus exacts, sous peine d'être piqués au prorata de leurs gages, et de leur dire « qu'on veut bien tolérer qu'ils aient un office chaque semaine pour se reposer, mais qu'ils ne doivent pas choisir ceux où l'on doit chanter l'Office des Morts » (12 Juin 1756).

Du reste, le Chapitre s'était ému de ce relâchement, car le 9 mars de la même année, à propos d'une élection à la dignité de Grand Chantre, le Doyen avait rappelé les obligations du Cantoriat, disant que le nouvel élu devrait tenir la main à l'exactitude des musiciens, tout en visitant la maîtrise au moins une fois par semaine, et veiller avec plus de soin sur le bas-chœur « jusqu'à le faire cesser si l'on précipitait l'office.

Au chœur, les musiciens prenaient le surplis de lin, selon l'ancien usage. Les enfants ne devaient pas avoir de talons de bois à leurs souliers.

Les chanoines profitaient de toutes les occasions qui se présentaient pour rehausser l'éclat de leur musique. Ils retenaient, pour des fêtes, les artistes étrangers et parfois, en faisaient venir de Strasbourg où de tout temps, l'art musical fut très cultivé. C'est ainsi qu'ils firent jouer aux secondes vêpres, le jour de l'Epiphanie de 1749, les hautbois du régiment de *Royal-Suédois* infanterie, de passage à Saint-Dié, auxquels ils donnèrent un demi-louis. Cinq musiciens qui étaient venus jouer lors de la fête patronale, eurent chacun trois gros écus (20 Juin 1752). Un nommé Albert, basse-contre, qui, en Janvier de l'année suivante, avait été arrêté pour les fêtes, offrit ses services au chapitre, qui les accepta moyennant 500

livres d'appointement à compter du jour
de son arrivée. Un certain abbé Cadet fit
exécuter le jour des Rois 1755, un morceau de sa composition, pour laquelle il
eut 15 livres 10 sols.

En un mot, les Chanoines de Saint-Dié
ne négligeaient rien pour perfectionner la
musique religieuse dans leur église, afin
de rendre les cérémonies plus solennelles
et plus émouvantes.

En 1486, le pape Innocent VIII sup-
prima deux prébendes vacantes au Chapitre de Saint-Dié pour en appliquer le re-
venu à l'entretien d'un maître de musique
et de quatre enfants de chœur, auxquels le
maître devait encore enseigner les rudi-
ments de la langue latine.

Jean de Monachis (ou Le Moine), dont
le nom et les armoiries figurent sur une
des miniatures du *Graduel* de notre bibliothèque municipale, fut le premier maître
de musique *(magister puerorum chori)*;
mais il ne fit que paraître à la maîtrise —
quelques mois seulement, — et fut rem-

placé par Octavien Le Maire. Celui-ci, musicien de talent, fut aussi un savant latiniste et un bon poëte, fort goûté des chanoines, qu'il servit fidèlement jusqu'à sa mort, arrivée le 9 janvier 1530. Il avait vécu pendant la période la plus brillante du Chapitre, c'est-à-dire à l'époque des Lud, des Bazin, de Mathias Ringmann et du *Gymnase vosgien,* le précurseur de notre *Société philomatique.*

La Maîtrise était tenue depuis 1710 par un nommé Boisseau. Il avait été consulté, à cause de ses connaissances musicales, lors de la refonte de plusieurs cloches, qui eut lieu au commencement de 1738, et au nombre desquelles était le bourdon donné en 1714 par le chanoine Charles Dautriche. Après avoir consulté ses joueurs d'instruments, Boisseau fut d'avis qu'il convenait de refondre la seconde des grosses cloches et de la mettre sur le ton de *l'ut* naturel. D'autres encore laissaient à désirer. Cela donna lieu à une instance entre le Chapitre et les fondeurs, et ceux-ci se décidèrent en 1739, à venir à Saint-

Dié pour refondre les cloches défectueu-
ses. Outre les deux grosses cloches, on
refondit la troisième, à cause de son peu
d'accord avec les autres, ainsi que l'avait
conseillé le maître de musique. Elle fut
baptisée de nouveau au mois de juin avec
les mêmes parrain et marraine, M. et Mme
Royer de Fléville, seigneur et dame de la
Tour de Corcieux.

La sonnerie se composait alors de neuf
cloches au lieu de quatre, comme aujour-
d'hui. On conçoit qu'avec une pareille ré-
union de cloches, accordées à différents
tons, on ait pu carillonner les baptêmes
d'une manière moins monotone, plus musicale et surtout plus agréable que de nos
jours.

Boisseau mourut à la fin du mois de
Mars 1740. Il s'était attiré une estime gé-
nérale par sa conduite et l'assiduité de ses
services pendant trente ans. Le 5 avril, le
Chapitre nomma, pour le remplacer,
Pierre Vieillard, après avoir entendu avec
satisfaction une messe de sa composition,
et lui avoir donné les paroles pour compo-

ser un motet qu'il exécuta avec autant de goût que de précision.

Nous avons dit qu'il n'y avait pas besoin d'être prêtre pour tenir la *maîtrise*. Comme d'autres avant lui, Vieillard était marié et père de famille, mais l'équipée dont il se rendit coupable fit réfléchir les chanoines sur les désagréments qu'il y avait à mettre un laïc dans cet emploi.

Au commencement de Novembre 1743, Vieillard partit pour quelques jours, disait-il. Au bout d'un mois (7 décembre), le Chapitre, sans nouvelles de lui, déclara la *maîtrise* vacante, et chargea trois de ses membres, MM. de Rennel, grand Chantre, de Klopstein, maître d'Allemagne, et Billaut de Leschicault, d'écrire pour faire part de cette vacance afin d'avoir un prêtre capable d'instruire les enfants de chœur et de remplir ce poste. Par commisération pour la nombreuse famille de Vieillard, les chanoines accordèrent à sa femme (9 Janvier 1744), « un mois de délai pour obtenir l'agrément du roi pour le retour de son mari, auquel cas ils seraient disposés à le réhabiliter ». Presqu'au même moment, le Chantre recevait une lettre du maître de musique, datée de Moulins, en Bourbonnais, le 10 Janvier, par laquelle il faisait ses soumissions dans des termes si humbles et si respectueux qu'ils disposèrent les chanoines en sa faveur. Grâce aux suppliantes démarches de sa femme, il lui fut accordé un nouveau délai d'un mois pour se rendre à son devoir et remplir ses engagements (4 février 1744).

De retour à Saint-Dié, après une absence de près de quatre mois, Vieillard se présenta en chapitre, où il réitéra ses soumissions. Il fut réintégré dans ses fonctions. Malheureusement pour lui, on avait eu vent, à la Cour de Lunéville, de son escapade, et la Chancellerie décerna contre lui un mandat d'arrêt. Il y avait une quinzaine de jours qu'il était détenu dans les prisons de *la Pierre-Hardie* quand l'écolâtre écrivit pour demander son élargissement, mais le Chancelier répondit que cela était impossible « à cause des conséquences », et qu'il faudrait préalablement s'informer à Moulins de la manière dont Vieillard s'était comporté pendant son séjour dans cette ville.

L'Intendant du Bourdonnais, M. de la Porte, répondit favorable ment et consentit à la sortie du prisonnier qui, le 19 mai, put reprendre sa place au chœur et à la Maîtrise.

Les chanoines ne tardèrent pas à se repentir de leur indulgence à son égard. Son inexactitude aux offices et sa conduite auraient pu en maintes occasions le faire renvoyer, sans la profonde pitié que leur inspiraient une femme et de nombreux enfants privés de ressources.

Un beau matin du mois de décembre 1746, Vieillard ne se présenta pas au chœur. On apprit qu'il s'était enfui pour éviter les poursuites intentées en justice contre lui par sa servante dont il avait abusé.

Devant un pareil scandale, la mansuétude n'était plus de mise. Le Chapitre ordonna que la fille serait immédiatement chassée de la Maitrise, puis, pour éviter le retour de semblables esclandres, et s'inspirant d'une décision capitulaire de l'Eglise de Toul de 1722, il résolut de ne plus confier l'emploi de maître de musique qu'à des prêtres. Un Alsacien, l'abbé Weiss, fut nommé à cette place, déclarée pour la seconde fois vacante, et l'on chargea le secrétaire Bareth de lui écrire pour venir la remplir le plutôt possible, « ne voulant plus entendre parler de Vieillard sous quelque prétexte que ce puisse être et remettant à la vigilance de M. le Chantre de mettre le scellé sur les papiers de la *Maîtrise* et de tenir la main à l'exécution de cette décision capitulaire » (16 décembre 1746).

Les bons chanoines furent néanmoins douloureusement impressionnés en songeant à cette pauvre famille, victime de l'inconduite de son chef , et qui allait être livrée. à la misère. Ils lui donnèrent un délai suffisant pour quitter la maison de la Maîtrise et lui accordèrent deux louis de gratification ; en même temps, ils prièrent le chanoine distributeur de lui payer ses gages jusqu'au jour de sa sortie.

Mais le Chapitre comptait sans son hôte. Le roi Stanislas, qui avait justement une créature à caser, proposa pour la maîtrise un nommé Trabouillet. Celui-ci partit aussitôt pour Saint-Dié et remis au Chantre une lettre de recommandation du roi, datée de Lunéville le 20 décembre et signée de M. le chevalier de Solignac, son secrétaire. Les chanoines répondirent qu'étant engagés avec l'abbé Weiss, et ayant pris la résolution d'avoir un prêtre à l'avenir, ils ne pouvaient acquiescer à la demande de Trabouillet.

Sa Majesté polonaise n'en voulut pas démordre. Elle ordonna à M. de Solignac d'écrire de nouveau au Chapitre pour lui dire qu'il n'avait qu'à contremander Weiss, puisque telle était sa volonté. Les chanoines ne purent que se conformer à des ordres si précis. En conséquence, l'abbé Weiss reçut contre-ordre et Trabouillet, le protégé de Stanislas, put venir prendre la direction de la Maîtrise.

Il n'y avait pas deux mois qu'il en était chargé qu'il se montrait plus exigeant que ses prédécesseurs. Il prétendit qu'il ne pouvait subvenir à l'entretien des enfants de chœur sans avoir du jardinage, et on lui donna gratuitement l'usufruit d'un jardin situé sur le ruisseau de Robache, Nouvelle réclamation quelque temps après. Il représenta que sa pension n'était pas assez forte pour suffire aux besoins de la maîtrise, attendu la cherté du bois et des denrées. Le Chapitre répondit qu'il avait les denrées principales, qui sont le pain et le vin, et qu'on n'avait pas d'augmentation à lui donner quant à présent.

Le 4 Novembre 1758, Trabouillet demanda son congé pour aller à Dijon, dont on lui offrait la maîtrise. Les chanoines y consentirent et décidèrent que l'organiste Rennesson aurait soin des enfants de chœur et toucherait les gages au prorata du temps qu'il en serait chargé.

Deux musiciens de Toul se présentèrent le 2 Décembre suivant, l'un pour maître de musique, l'autre pour haute-contre,

Michelot, après examen et audition d'un morceau de sa composition, obtint la maîtrise, et Thiéry fut engagé comme ténor léger à 500 livres par an. On leur donna un louis comme indemnité de voyage. Thiéry fut dispensé de venir à matines, excepté les grands jours où l'on chante tout l'office.

Il y avait à cette époque, dans la musique du Chapitre, un joueur de flûte et de hautbois dont nous devons dire quelques mots. Il se nommait Jean-Baptiste Wendling, et sa fille Thérèse avait épousé Jean Antoine, procureur au ressort du bailliage royal de Saint-Dié et procureur d'offi-cedes terres et seigneurie dépendantes de la châtellenie de Taintrux. De ce mariage naquit, le 13 septembre 1759, Jean-Baptiste Antoine, avocat en Parlement exerçant à Saint-Dié, qui épousa en 1780 Barbe Souhait, la sœur aînée du Conventionnel et du colonel du génie. Il joua un certain rôle dans le département des Vosges pendant la Révolution. Son fils, Charles-Auguste, professeur de ma-

thématiques au collège royal de Nancy,
fut le père de Mesdames Bruyant et Bar-
bier, qui étaient, par conséquent, les ar-
rière-petites-filles de Thérèse Wendling.

Presqu'en même temps que le maître
de musique Boisseau, c'est-à-dire en mars
1740, mourut l'organiste Georges Malbrun.
Il était en place depuis 1720. Sa fille aînée
lui succéda avec 450 livres de gages et la
liberté de toucher de l'orgue aux baptêmes
et aux mariages.

Ces orgues passaient pour être les plus
belles de la contrée. Le Chapitre les avait
fait construire à grands frais vers le milieu
du XVe siècle. Le premier organiste s'appelait Antoine de Hogarde, que le duc
René II nomma son chapelain en 1490,
Jean Herbin lui succéda en 1500. C'était,
selon toute apparence, un musicien érudit,
rac il possédait le célèbre manuscrit musical découvert dans notre bibliothèque
municipale par un autre organiste, plus
érudit encore, M. Romary Grosjean, et
décrit par M. de Coussemaker, membre de

l'Institut, auquel il avait été communiqué.
Après Herbin vint Christophe du Pont,
en 1525.

Bien des organistes se succédèrent
pendant les deux cents ans qui séparent
C. du Pont de G. Malbrun, mais nous
n'avons pas à nous en occuper, ayant bor-
né nos recherches au XVIIIᵉ siècle seulement.

A Mademoiselle Malbrun avait succédé,
comme organiste Antoine Gillet. Celui-ci
mourut le 29 Septembre 1749, et fut rem-
placé, le 14 Octobre, par Nicolas Rennesson, de Rozières-aux-Salines, à raison de
450 livres tournois par an, à partir de la
Saint-Martin et aux conditions suivantes :
il nettoiera et repassera l'orgue à ses frais
et sera attenu aux mêmes charges auxquelles était obligé son devancier : il tou-
chera à vêpres tous les jours doubles et
les autres jours prescrits par les règle-
ments capitulaires ; il servira les chanoines avec autant de zèle que de fidélité ;
il enseignera gratis un enfant de chœur à
toucher de l'orgue, et tels autres, qui lui

seront désignés par le Chantre, de la part du Chapitre, à jouer du violon ; il jouera lui-même de cet instrument quand il sera nécessaire.

Cette nomination se fit au choix, mais il avait été question d'un concours, car nous voyons, le 25 octobre, les chanoines gratifier d'un louis de 31 livres l'organiste de la Collégiale de Bar qui était venu se présenter pour s'attacher au service de l'Eglise de Saint-Dié, dans la persuasion qu'il y aurait un concours pour la vacance de l'orgue.

Le 16 mai 1752, il fut décidé que les réparations de la maison de la *Maîtrise* et celles des orgues seraient désormais à la charge de la Distribution, à cause des prébendes de la musique et des orgues qui lui sont affectées.

On voit par les détails qui précèdent que les chanoines de Saint-Dié ne ménageaient ni leurs soins ni leur argent pour avoir une musique digne de leur insigne église. Aussi leur *maîtrise* avait-elle une très-grande réputation, et il ne faut pas s'étonner si une très riche abbaye voisine, celle de Senones, la demanda pour rendre plus pompeuses les funérailles de l'illustre Dom Calmet, décédé le 25 octobre 1757.

Saint-Dié, le 10 septembre 1901.

AUTOUR

D'UNE

LETTRE D'ACTRICE

Nous avons entre les mains une lettre qui, sans avoir une très grande importance en elle-même, offre néanmoins de l'intérêt au point de vue de l'histoire de l'art musical et dramatique à Strasbourg. Nous croyons devoir la faire connaître, car il nous semble utile de ne rien laisser perdre et de recueillir soigneusement ce que l'on a appelé fort justement les *miettes de l'Histoire*, ces miettes fussent-elles des plus minimes. Elles peuvent, à l'occasion, servir à élucider certaines données, à les compléter et à faire jaillir la vérité sur des points jusqu'alors douteux.

Cette lettre émane d'une actrice, d'origine alsacienne qui eut jadis une grande
célébrité sous le pseudonyme de *Saint-
Huberty*.

Son véritable nom était Anne-Antoi-
nette Clavel. Née en 1756 à Strasbourg,
où son père était musicien, elle manifesta
de bonne heure de grandes aptitudes
pour la musique et pour le chant. Elle
avait une voix magnifique, et son père
attendit qu'elle eut acquis tout son déve-
loppement pour en tirer profit. Il lui fit
parcourir l'Allemagne, la Prusse et la Po-
logne, où elle obtint quelques succès et
montra qu'il y avait en elle l'étoffe d'une
véritable artiste. A Varsovie, le composi-
teur Le Moyne la remarqua, s'intéressa à
son talent naissant et se chargea de son
instruction musicale.

Mlle Clavel revint en France en 1774,
se maria avec un chevalier de Croissy, et
joua pendant près de trois ans au théâtre
de Strasbourg. Elle s'y fit applaudir et
bientôt sa réputation franchissant les Vosges parvint jusqu'à Paris. L'Opéra lui ou-

vrit ses portes, mais son début dans l'*Armide* de Glück, le 23 septembre 1777, fut des plus modestes. Elle avait alors vingt et un an, n'était pas belle, tout en plaisant beaucoup par sa grâce et ses bonnes manières. Amoureuse de son art, elle faisait tous ses efforts pour s'y perfectionner, travaillant, sans relâche, avec une ardeur persévérante qui excitait l'envie et les railleries de ses camarades. Glück, témoin de ses progrès et sachant les apprécier, annonça qu'elle serait un jour la gloire de l'Opéra. Le grand musicien fut bon prophète. La mort de Mlle Laguerre et la retraite de Sophie Arnould et de Mlle Beaumesnil firent, sur la scène de l'Académie royale de musique, un vide tel qu'il n'y eut désormais pour le remplir que Mme *de Saint-Huberty,* comme se faisait appeler au théâtre Mme de Croissy née Clavel. Première cantatrice en titre, elle eut un succès des plus éclatants dans la *Didon* de Piccini. Dès lors, sa carrière ne fut qu'une longue suite de triomphes, car comme actrice et comme chanteuse elle était presque parfaite.

Au milieu des honneurs qui l'entouraient, elle n'oubliait pas ses anciens amis et ses concitoyens d'Alsace. Elle désira recevoir aussi leurs applaudissements sur cette scène de province où elle avait joué toute jeune avec un talent qui faisait présager aux artistes et aux amateurs la brillante carrière qu'elle parcourait en ce moment. Elle écrivit donc à un M. Goyon, qui était peut-être le directeur du théâtre de Strasbourg, pour lui faire part du grand désir qu'elle avait de revoir sa ville natale et d'y donner quelques représentations. Il paraît que Goyon ne lui répondit pas d'une manière conforme à ses convenances, car elle s'adressa à une personnalité strasbourgeoise qui devait avoir une très grande et très légitime influence en matière artistique, mais qui n'est pas désignée dans la lettre que nous reproduisons avec les défectuosités, bien pardonnables d'ailleurs, de son orthographe :

Monsieur,

Le désir que j'ai depuis longtemps d'aller à Strasbourg et de me retrouver dans mon païs natal m'a déterminée à écrire à Monsieur Goyon, il y a quelques semaines, pour la quinzaine de paque prochaine. Il m'a répondu qu'il attendoit votre arrivée pour se décider. J'ai imaginé, Monsieur, devoir vous prévenir du désir que j'en ai. Vous aimez les talens et je doute que par cette raison vous mettiez obstacle aux arrangemens que j'ai proposée à Mr Goyon.

Je désirerois jouër Ariane, Didon, Alceste et Renaud, ou Iphigénie en Tauride de Glück. Le dernier sera encor plus facile à monter que Renaud ; je sçais tous les grands roles dans l'opéra comique, ainsi pour jouër 7 représentations, je crois que cela sera sufisant.

J'attens avec empressement, Monsieur, votre réponse et je me flate qu'elle ne sera pas contraire au désir que j'aurois de retourner dans ma ville. J'ai l'honneur d'être, Monsieur, avec les sentiments qui vous sont dus, votre très humble et très hobéissante servante

De SAINT-HUBERTY
de l'Académie royalle de musique.
Boulevard de la Comédie italienne
Ce 31 Juillet 1786.

Cette lettre ne portant pas de suscription, on peut se demander quel en était le destinataire. Nous répondons hardiment qu'il ne pouvait être que Pierre Mayno qui, par sa fortune considérable et ses goûts artistiques, était à cette époque, à Strasbourg, le Mécène de tous ceux qui cultivaient la littérature et les beaux-arts. Il aimait passionément la peinture, et sa collection de tableaux était la plus riche et la mieux choisie de la province. Il avait aussi un grand nombre de gravures et de bronzes d'art. Il aimait à venir en aide aux talents naissants, et plus d'un jeune artiste alsacien lui a dû les premiers encouragements. Il voulait que son petit Musée fut largement accessible, et les artistes ou amateurs de passage à Strasbourg ne manquaient pas de le visiter.

Il aimait la musique presqu'autant que la peinture. Les musiciens les plus distingués du Strasbourg d'alors, Ignace Pleyel, maître de chapelle de la cathédrale, Robert Schœnfeld, qui remplissait les mêmes fonctions au Temple-Neuf, les violonistes Kreutzer, Bartisch, Chappuis et d'autres se réunissaient fréquemment dans le grand salon de sa maison de la rue des Veaux, et lui-même faisait sa partie de violoncelliste avec un remarquable talent.

Mme de Saint-Huberty ne pouvait mieux s'adresser qu'à Mayno, qu'elle avait déjà connu, douze ans auparavant, comme un des habitués les plus assidus et les plus compétents du théâtre. Et c'était bien à lui que la lettre ci-dessus était écrite.

Cette lettre, en effet, nous a été donnée dernièrement par M. G. de La Comble, qui l'a trouvée dans de vieux papiers. Or, Mme de La Comble mère, née Barrois, était la petite-nièce de Mayno et avait hérité d'une partie de sa fortune et de ses tableaux.

Marie-Madelaine, la seconde des trois sœurs de Pierre Mayno et son héritière pour un tiers, avait épousé Philippe Arroy, avocat au Conseil souverain d'Alsace et archiviste du Grand Chapitre de la cathédrale de Strasbourg. De cette union était née Françoise Arroy, mariée à Henri-François Barrois, directeur de l'Enrégistrement et des Domaines à Strasbourg. Leur fille devint Mme Prieur de la Comble.

Nous ignorons si la requête de la Saint-Huberty fut suivie d'effet et si elle vint recevoir les applaudissements de ses compatriotes. La célèbre cantatrice était alors à l'apogée de son talent.

Veuve depuis un certain temps, elle fit bientôt la connaissance d'un très séduisant gentilhomme, le comte d'Antraigues, qui avait abandonné la carrière des armes pour se lancer dans le monde, où il eut de grands succès. Il s'était fait le protecteur des gens de lettres, des savants et des artistes, en faveur desquels il dépensa une grande partie de son patrimoine. La Saint-Huberty lui plut et leur liaison devint de plus en plus intime.

Emmanuel-Henri-Louis-Alexandre de Launay, comte d'Antraigues, était né dans le Vivarais en 1755. Très enthousiaste, il s'éprit des idées nouvelles conçues par l'esprit philosophique qui régnait alors et était le précurseur d'un changement so-

cial imminent. Nommé député aux Etats-
Généraux, il fit tout son possible pour
déterminer la Noblesse à renoncer à ses
privilèges en matière d'impôt, se pro-
nonça pour la déclaration des droits de
l'homme et du citoyen ; puis, changeant
subitement de rôle, devint un ardent dé-
fenseur de la monarchie absolue. Au
commencement de 1790, il émigra avec
Mme de Saint-Huberty, qui quitta l'Opéra
pour le suivre, et qu'il épousa à Lausanne
peu de temps après. Dès lors, commença
pour le comte et la comtesse d'Antraigues
une vie errante d'aventuriers, offrant à
toutes les cours leurs services contre la
Révolution française et recevant de toutes
des subsides. En 1797, le comte fut arrêté
à Venise par les Français ; ses papiers
furent saisis et envoyés par Bonaparte au
Directoire de la République. Il parvint à
s'échapper, rejoignit sa femme, qui s'était
réfugiée en Autriche et jouait au théâtre
de Vienne, et tous deux passèrent en
Russie, où ils continuèrent leurs intri-
gues, trahissant tour à tour tous ceux qui

se livraient à eux. Enfin, en 1812, ils pé-
rirent misérablement à Barnes-Terrace,
près de Londres, assassinés par un do-
mestique et trouvés porteurs des papiers
les plus compromettants.

Saint-Dié, 15 septembre 1901.

TABLE DES MATIÈRES

St-Dié. — Imp. Humbert, C. CUNY, Sʳ.

MISCELLANÉES

PAR

Henri BARDY

)*****

SAINT-DIÉ

TYPOGRAPHIE ET LITHOGRAPHIE C. CUNY

1902

www.ingramcontent.com/pod-product-compliance
Lightning Source LLC
Chambersburg PA
CBHW051249030726
47595CB00003B/1158

BIBLIOTHEQUE NATIONALE DE FRANCE

3 7531 00132032 5